BEI GRIN MACHT SICH IHR WISSEN BEZAHLT

Qualitätsmanagement in der offenen Ganztagesschule

Leonie Petzoldt

Bibliografische Information der Deutschen Nationalbibliothek:

Die Deutsche Nationalbibliothek verzeichnet diese Publikation in der Deutschen Nationalbibliografie; detaillierte bibliografische Daten sind im Internet über http://dnb.d-nb.de abrufbar.

ISBN: 9783346312426
Dieses Buch ist auch als E-Book erhältlich.

Hausarbeit – Qualitätsmanagement Master Soziale Arbeit

Im Modul Qualitätsmanagement und Gouvernance

Sommersemester 2019

zum Thema:

„Projekt zur Umsetzung von Qualitätsmanagement im Blick auf die offene Ganztagsschule Schülerclub."

von: Leonie Petzoldt

Inhaltsverzeichnis

Aus urheberrechtlichen Gründen wurden alle Abbildungen entfernt. (Anm. d. Red.)

Einleitung

Schon seit einigen Jahren ist das Thema der kindlichen Entwicklung, Bildung, Betreuung und Erziehung nicht nur in Fachkreisen, sondern auch in den öffentlichen Debatten sehr präsent. Eine Innovation in diesem Bereich ist die vermehrte Anwendung von Qualitätsmanagementsystemen in offenen Ganztagesschulen. Es scheint wohl so, dass diese Systeme zwar allgemein akzeptiert sind, jedoch kommt es im Rahmen der Einrichtung darauf an, wie Qualität definiert wird. Es lässt sich unterscheiden zwischen Qualität der Einrichtung, der zur Verfügung stehenden Mittel bzw. Materialien und den Fachkräften. So stellt sich die Frage: Was ist Qualität in diesem Zusammenhang und wie lässt sich diese messen?

Die vorliegende Arbeit hat nicht den Anspruch diese Frage in Gänze zu beantworten, soll jedoch einen Überblick über das Thema „Qualitätsmanagement in der offenen Ganztagesschule" schaffen. Hierbei wird eingangs kurz auf die Besonderheiten des Qualitätsbegriffes eingegangen, um eine Einordnung der Denkweisen zu ermöglichen. Anschließend folgt eine möglichst deutliche Darstellung der aktuellen Situation, um im weiteren Verlauf einen exemplarischen Qualitätsmanagementprozess aufzuzeigen. Abschließend sollen Chancen und Risiken des Prozesses evaluiert werden, um ein angemessenes Fazit ziehen zu können.
Dieser Arbeit liegt die Fragestellung zu Grunde, ob die „Qualität" der Einrichtung an den Kindern und Jugendlichen und deren Partizipation gemessen werden kann und wenn ja, wie?

1. Begriffsbestimmung

Um einen effektiven Überblick der Begriffe des Qualitätsmanagements zu erhalten, ist es im Folgenden relevant diese zunächst zu definieren, um sie im weiteren Verlauf voneinander abgrenzen zu können und um diese für die Praxis handhabbar zu machen. Im Folgenden werden einige zentrale Aspekte des Qualitätsbegriffes, die für die Soziale Arbeit und für diese Arbeit von Relevanz sind, angesprochen.

1.1. Qualitätsbegriff in der Sozialen Arbeit

In der Literatur lassen sich für den Begriff der Qualität sehr unterschiedliche Definitionen finden. Im Wesentlichen lässt er sich als ein normatives Konstrukt erklären, welches durch die Verkopplung von Beschaffenheit und Bewertung zum Ausdruck gebracht wird (vgl. Merchel op. 2010, S. 34). Prinzipiell lassen sich der Qualität (lat. qualitas Beschaffenheit, Merkmal, Zustand) drei Bedeutungsdimensionen zuordnen:

a) neutral: die Summe aller Eigenschaften eines Objektes, Systems oder Prozesses

b)   bewertet: die Güte aller Eigenschaften eines Objektes, Systems oder Prozesses

c)   bewertet: die der Handlung und deren Ergebnissen vorgelagerten individuellen Werthaltungen (vgl. Zollondz 2002, S. 18).

Der Konstruktcharakter des Begriffes wird in der Sozialen Arbeit besonders deutlich, wenn sich vor Augen geführt wird, was soziale Dienstleister unter Qualität verstehen. Die grundlegende Haltung dieses Verständnisses, ist in stetiger Anhängigkeit von Normen und Interessen zu betrachten. Um dies zu definieren wird im Folgenden in drei Perspektiven differenziert:

- *Adressatenbezogene Perspektive* oder „stakeholder Perspektive", hier stellt sich die Frage: Was erwarten Austauschpartner von der Einrichtung und was wird als zufriedenstellende Leistung erwartet?
- *Organisationsbezogene Perspektive der Leistungserbringer*, diesem Punkt liegt die Frage zugrunde: Was kann die Einrichtung angesichts ihrer organisationsinternen Situation als gute Leistung bezeichnen?
- *Fachbezogene Perspektive*, unter der die aus der Profession wachsende Sicht verstanden wird. Also was aus der Sicht der Fachdiskussion eine gute Leistung ausmacht? (vgl. Merchel op. 2010, S. 38)

Diese drei Perspektiven sind durch die verschiedenen Ansichten bzw. Normen und Interessensgebiete (politisch, hierarchisch und methodisch) geprägt und somit unterschiedlich beantwortet bzw. bewertet. Somit kann Qualität auch als Dialogbegriff zwischen Qualität als Konstrukt und Motivation der Beteiligten der unterschiedlichen Perspektiven verstanden werden (vgl. ebd.).

1.2. Qualitätsmanagement

Qualitätsmanagement erfüllt im Bereich der Sozialen Arbeit eine vielschichtige Bedeutung. Hier ist die Rede von Qualitätsentwicklung, Qualitätsprüfung, Qualitätsarbeit und Qualitätssicherung (vgl. Merchel 2013, S. 10). Dies ist besonders für die Einhaltung und Weiterentwicklung von Qualität relevant. Die angesprochenen Benennungen meinen grundsätzlich keine voneinander abgegrenzten Konstellationen, sondern repräsentieren individuelle und zielbezogene Entwicklungen.

So kann der Begriff des Qualitätsmanagements sowohl als neutraler Oberbegriff für qualitätsrelevante Prozesse, wie auch als deren gesamter Umgang damit (z.B. Zielsetzung, Evaluation) verstanden werden (vgl. ebd.)

1.3. Qualitätsdifferenzierung in der Sozialen Arbeit

Aus den oben beschriebenen Punkten geht hervor, dass der Qualitätsbegriff von Komplexität begleitet scheint. Um daraus systematische Handlungsweisen für die Praxis der Sozialen Arbeit ableiten zu können, ist es sinnvoll, noch einmal mehrere Dimensionen von Qualität zu unterscheiden. Anfang der 1980er Jahre prägte A. Donabedian die Differenzierung des Qualitätsbegriffs entscheidend und unterteilte ihn in drei wesentliche Kategorien (vgl. Merchel op. 2010, S. 42).

- *Strukturqualität*: unter dieser Qualität werden alle organisationsbezogenen Rahmenbedingungen sowie die Ausstattung der Einrichtung verstanden.
- *Prozessqualität*: bezieht sich auf das Vorhandensein und die Beschaffenheit von Angeboten oder Aktivitäten, die nicht nur geeignet, sondern auch notwendig sind, um bestimmte Leistungen zu erbringen.
- *Ergebnisqualität*: meint Fragen, die angesprochen werden, wenn der erzielte Erfolg bzw. Misserfolg eines Angebots erbracht wurde (vgl. ebd.).

Aus dieser Einteilung lässt sich eine pragmatische Übersicht der Funktion von Qualität gewinnen. Qualität kann also im Hinblick auf Rahmenbedingungen, soziale Dienstleistungen und dessen Zusammenwirken betrachtet und gemessen werden.
Durch ein Zusammenspiel zwischen den in *1.1. Qualitätsbegriff in der Sozialen Arbeit* beschriebenen unterschiedlichen Perspektiven, den nun erläuterten Kategorien und deren Auswertung ist es möglich, eine Antwort auf die Frage: „wann ist die Arbeit einer Einrichtung gut?" zu formulieren.

2. Einrichtungsbeschreibung der offenen Ganztagsschule „Schülerclub"

Die offene Ganztagsschule „Schülerclub" ist eine Einrichtung im Bereich der Kinder und Jugendhilfe des Vereins Innovative Sozialarbeit e.V. (iSo). Die Aktivitäten der Einrichtung umfassen u. a. gemeindliche Jugend- und Jugendsozialarbeit nach §§ 11, 13 SGB VIII und ambulante Erziehungshilfe nach §§ 27, 29, 30 und 31 SGB VII.
Die offene Ganztagsschule ist ein schulisches Angebot zur Entlastung der Familien. Sie unterstützt die Eltern in ihrer Erziehungsverantwortung insbesondere dort, wo diese über zeitlich geringe Kapazitäten zur Betreuung und schulischen Förderung ihrer Kinder verfügen. Der Schülerclub stellt eine durchgängige Betreuung der SchülerInnen nach Unterrichtsschluss bis in den Nachmittag hinein sicher und kann dabei helfen, Benachteiligungen auszugleichen.

So möchte die offene Ganztagsschule einen Raum schaffen, in dem sich die Kinder und Jugendlichen wohlfühlen, Gemeinschaft erleben und Akzeptanz und Selbstwirksamkeit erfahren. Sie soll ein Ort sein, an dem sich jedes Kind und Jugendlicher als Person willkommen und angenommen fühlt, an dem es Lernen kann, mit Gleichaltrigen Freizeit verbringt und Unterstützung erfährt.

Um die Qualität der Arbeit sicherzustellen, dient das iSo-Konzept als ständiger Leitfaden und Maßstab. Zudem wird von den Teams der oGTS in Einvernehmen und Abstimmung mit der Schulleitung ein schulspezifisches Konzept entwickelt, in dem die jeweilige Ausgangssituation und die besonderen Rahmenbedingungen berücksichtigt und genutzt werden. Zudem bietet iSo e.V. ihren MitarbeiterInnen fachliche Beratung, Supervision und Fortbildungen an. Es finden regelmäßige Teambesprechungen vor Ort für alle MitarbeiterInnen statt, in denen Organisatorisches und Einzelfälle besprochen werden und ein einheitliches pädagogisches Handeln beschlossen wird. Zwar werden die MitarbeiterInnen zur Eigeninitiative ermutigt, verantwortungsvolles und kreatives zu Handeln zu zeigen, jedoch sieht das Konzept keine eigene Zuständigkeit eines Qualitätsmanagements vor, dies geht auch aus dem Organigramm hervor.

Jedoch ist eine Entwicklung der Qualität gerade in der Kinder und Jugendhilfe von enormer Relevanz, um nicht nur die Erbringung von Leistungen zu gewährleisten oder die Zusammenarbeit mit anderen Institutionen zu regeln, sondern auch um Prozesse weiter zu denken und danach entsprechend zu handeln. Festgelegt sind diese und weitere Anforderungen in § 79a SGB VIII. Auch die Träger der öffentlichen Jugendhilfe haben den Auftrag, Grundsätze für Bewertungen von Qualität einzuhalten. Hierbei dient der § 85 Absatz 2 als fachliche Orientierung.

Am einfachsten erscheint es zunächst, Qualität durch die erbrachten Leistungen zu messen (also die Ergebnisqualität). Dies ist jedoch bei Sozialer Arbeit in diesem Bereich nur sehr eingeschränkt möglich, da Ergebnisse (z.b. die soziale Kompetenz der Kinder oder ihr mathematisches Verständnis) nicht klar messbar, also in Zahlen ausdrückbar, sind (vgl. Merchel op. 2010, S. 47). Auch wenn diese Qualitätsdimension nicht außen vor gelassen werden darf, so erscheint es insbesondere bei sozialen Dienstleistungen nicht zweckmäßig, nur hier zur Verbesserung der Qualität anzusetzen. Da es im Rahmen dieser Arbeit jedoch nicht möglich ist, eine umfassende Analyse der Qualität vorzunehmen, soll sich der weitere Verlauf mit der Frage beschäftigen, ob die Qualität der Einrichtung an den Kindern und Jugendlichen messbar gemacht werden kann und wenn ja, wie?

3. Prozesslandkarte

Um die oben gestellte Frage beantworten zu können, muss zunächst der Blick auf die Prozesslandkarte und die damit verbundenen Schlüsselprozesse erfolgen.

Die Schlüsselprozesse sind einzelne Prozesse, die für den Erfolg des Angebots maßgeblich sind. Diese ergeben sich aus der Dimension der Kernprozesse und sollen nun kurz beschrieben werden:

Pädagogisches Alltagsleben:

Ganzheitliches Lernen bedeutet Angebote zur Entwicklung von kognitivem Leistungsvermögen und individueller Lernfähigkeit, zur Entfaltung kreativ-künstlerischer sowie motorischer und interkultureller Fähigkeiten zur Verfügung zu stellen. Ein respektvoller Umgang, Konfliktfähigkeit, Gruppenfähigkeit, Selbstständigkeit und andere soziale Kompetenzen werden im Miteinander eingeübt. Durch das Beziehungsangebot der Mitarbeiter, Hilfe zu Lernerfolgen und durch Möglichkeiten der kreativen Entfaltung, wird das positive Selbstwertgefühl und Selbstbild gestärkt. Auf diesem Weg werden die SchülerInnen in ihrer Entwicklung zu selbstbestimmten, kritischen und sozialen Persönlichkeiten begleitet. Weiter soll Schule gemeinsam mit den Partnern im Rahmen der offenen Ganztagsschule von einer Lerneinrichtung zu einem gern besuchten und im Sozialraum vernetzten Aufenthaltsort bzw. Lebensraum gemacht werden und Schüler dabei unterstützen, ihre Zeit aktiv und kreativ zu gestalten.

Die offene Ganztagsschule bei iSo möchte einen Raum schaffen, in dem sich die Kinder und Jugendlichen wohlfühlen, Gemeinschaft erleben und Akzeptanz und Selbstwirksamkeit erfahren. Sie soll ein Ort sein, an dem sich jedes Kind und Jugendlicher als Person willkommen und angenommen fühlt, an dem es Lernen kann, mit Gleichaltrigen Freizeit verbringt und Unterstützung erfährt.

Teamsitzungen

Die Teams der offenen Ganztagsschulen bestehen aus pädagogischen Fachkräften wie z.B. Sozialpädagogen/innen, Erzieher/innen und pädagogischen Ergänzungskräften (z.B. Studenten/innen, Praktikanten/innen oder anderen Personen). Die Leitung hat immer eine Fachkraft. Zur Sicherstellung einer guten Betreuung und der Aufsichtspflicht sind in der Regel immer mindestens zwei Kräfte vor Ort.

Voraussetzung für eine gute Zusammenarbeit sind regelmäßiger Austausch, gegenseitige Unterstützung und Zufriedenheit. Der Austausch soll in Form von ausgiebigen Teamtreffen in möglichst zeitgleichen Abständen (vier Wochen) erfolgen. Das Personal orientiert sich an den pädagogischen und strukturellen Richtlinien. Dennoch wird einmal wöchentlich Raum geschaffen, um sich über akute Situationen auszutauschen.

Tagesstrukturierung

Dieser Bereich wird in einer oGTS ebenfalls als Schlüsselprozess bezeichnet, da für die TeilnehmerInnen ein vertrauter und sicherer Rahmen einen maßgeblich hohen Stellenwert besitzt.

Die offene Ganztagsschule findet in den Räumen der Schule statt. Um die Identifizierung der SchülerInnen mit der oGTS zu fördern und diese als festen Anlaufpunkt in der Schule zu etablieren, benötigt der Standort vor Ort abhängig von der Gruppen- und Raumgröße mindestens einen festen Raum, der frei zur Verfügung steht und gestaltet werden kann.

Der Ablauf in der oGTS kann grob in drei Bereiche unterteilt werden:

- Die Mittagsbetreuung mit der Möglichkeit eines warmen Mittagessens. Hier kommen die Schüler nach dem Unterricht an, entspannen sich und haben eine Pause.

- Die Schwerpunkte des Freizeitbereiches, in dem sich die Schüler entspannen, Zeit mit ihren Freunden verbringen oder aktiv Angebote wahrnehmen können, variiert je nach oGTS. Wichtig ist die Wahlfreiheit der Schüler zwischen aktiver Teilnahme an Angeboten und selbständiger Beschäftigung/Ausspannen.

- Die Hausaufgabenbetreuung, in der die Schüler die Möglichkeit haben, in Kleingruppen ihre Hausaufgaben zu erledigen und Lernstoff zu vertiefen. Hier kann keine 100%ige Endkontrolle der Aufgaben stattfinden; je nach zeitlichen Ressourcen wird eine zusätzliche Förderung der Schüler angestrebt. Die Verantwortung für die korrekte und vollständige Bearbeitung der Aufgaben bleibt bei den SchülerInnen und deren Eltern; die oGTS bietet eine ruhigen Rahmen und Unterstützung bei Fragen.

Die Kernprozesse sind im Allgemeinen unabdingbar für eine Aufrechterhaltung und Sicherstellung des Erfolgs der Einrichtung. Jedoch lässt sich nach der Betrachtung der wesentlichen Schlüsselprozesse des Schülerclubs deutlich erkennen, dass das Ergebnis und die Sinnhaftigkeit des Angebots maßgeblich von dem sicheren und vertrauten Rahmen und dem Wohlempfinden der Jugendlichen abhängig sind.

Demnach sollte in einem Qualitätsprozess das Augenmerk zentral auf das Empfinden der Jugendlichen gerichtet werden. So können mögliche Wünsche, Gedanken und Kritik in das Teamkonzept integriert werden, um auch die Identifikation der Jugendlichen mit dem Schülerclub zu gewährleisten. Eine Möglichkeit diese Partizipation zu fördern und den Weg der Mitbestimmung zu vereinfachen, ist die Installation einer *Wünschebox* in der Einrichtung.

4. Aktuelle Prozessbeschreibung

Bislang wurden die Kritik, Wünsche und Anliegen der Kinder und Jugendlichen zwar gehört und angenommen, jedoch weder dokumentiert, noch in einem konkreten Prozess (Teamsitzung) analysiert und besprochen.

Im ersten Schritt werden Anliegen und Wünsche in einem Gespräch an die Fachkraft heran getragen. Nachdem der Jugendliche sich äußerte und die Fachkraft sein Anliegen anhören konnte, werden im weiteren Verlauf alle Personen informiert, die bzgl. des Begehrens beteiligt sein könnten.

Daraufhin erfolgt ein Gespräch, welches entweder zu einer Lösung bzw. Wahrnehmung des Wunsches führen kann (dies wird den Beteiligten mitgeteilt und der Prozess ist beendet) oder zu keiner Zufriedenstellung für den Jugendlichen führt. Sollte dies der Fall sein, so wird versucht, weitere Kooperationspartner oder Vorgesetzte an dem Anliegen teilhaben zu lassen, um in einem weiteren Gespräch eine angemessene Lösung zu generieren.

Der beschriebene Prozess zeigt auf, wie mit Wünschen der Jugendlichen innerhalb der Einrichtung verfahren wird. Jedoch wird im ersten Punkt deutlich, dass die Hürde für die Zielgruppe des Schülerclubs darin besteht, das Anliegen persönlich an eine Mitarbeiterin heranzutragen. Dies hebt die Hemmschwelle überhaupt einen Wunsch zu äußern. Des Weiteren ist nicht nur der Zugang zu Veränderung und Partizipation erschwert, sondern verlangt im Moment des Herantragens an die Mitarbeiter auch spontanes Handeln der Fachkräfte.

Außerdem bleibt, bis zum Zeitpunkt des persönlichen Kontakts am Anfang, die Frage unbeantwortet, ob Wünsche oder Anliegen der Jugendlichen bzgl. des Angebots wirklich wahrgenommen werden. So kann es dazu kommen, dass die Bedürfnisse der Jugendlichen im Tagesablauf unerkannt und unbearbeitet sind und bleiben.

5. Optimierung des Wünsche-und Anliegenprozesses anhand des PDCA-Zyklus

Im Folgenden Kapitel soll nun der Prozess optimiert werden. Hierfür sollen zunächst die einzelnen dafür nötigen Schritte analysiert werden

Plan

In der Planungsphase werden, wie aus der Abbildung ersichtlich, Ziele und Maßnahmen geplant. Um dies umzusetzen, werden die Schwierigkeiten herausgearbeitet, die sich aus dem aktuellen Prozess ergeben. Anhand dieser Analyse können nun neue Ziele definiert werden, die den Prozess verbessern. Für dieses Vorgehen wird als Grundlage die Kopfstandmethode herangezogen (vgl. Meinhold 1997). Diese wird in sechs Schritte unterteilt.

1. Das Problem soll als Frage formuliert werden, demnach: „Wie kann die Partizipation der Kinder und Jugendlichen durch das Vorbringen von Wünschen und Anliegen gefördert werden?"

2. Nun soll im zweiten Schritt diese Frage auf den Kopf gestellt werden, also: „Wie kann die Partizipation der Kinder und Jugendlichen durch das Vorbringen von Wünschen und Anliegen nicht gefördert werden?"

3. Im dritten Schritt werden nun mögliche Antworten auf diese umgekehrte Fragestellung formuliert.
- Das Anliegen wird nicht bekannt gemacht und die Fachkräfte wissen nicht nach welchen Bedürfnissen sie handeln sollen.
- Wünsche werden nicht ernst genommen bzw. überhört.
- Es wird keine Zeit gefunden, nach den Anliegen der Kinder und Jugendlichen zu fragen und darüber zu sprechen.
- Es gibt keine zuständige Fachkraft, die angesprochenen werden kann.
- Kinder und Jugendliche trauen sich nicht (oder nicht persönlich) ihr Anliegen auszusprechen

4. Im folgenden vierten Schritt wird versucht, die gefundenen Antworten wiederrum positiv zu formulieren.
   - Alle MitarbeiterInnen sind über das Anliegen informiert und die Fachkräfte wissen nach welchem Bedürfnis sie handeln müssen.
   - Wünsche werden ernst genommen und nicht überhört.
   - Es wird sich Zeit genommen, nach den Anliegen der Kinder und Jugendlichen zu fragen und darüber zu sprechen
   - Die Fachkräfte zeigen klar auf, dass sie für diese Wünsche und Anliegen offen sind und die Jugendlichen sie ansprechen können
   - Wünsche, Anregungen und Beschwerden können in eine *Wünschebox* eingeworfen werden. Diese wird von Fachkräften regelmäßig geöffnet.

5. In Schritt fünf wird die für das Vorhaben gefundene Antwort verwendet, um den Prozess zu konkretisieren. Es wird eine *Wünschebox* im Raum angebracht, in die jeder Jugendliche, anonym oder persönlich, einen Zettel einwerfen darf.

Den TeilnehmerInnen des Schülerclubs wird der Sinn und Zweck der Box vermittelt und erläutert, was mit den Briefen im Anschluss passieren wird.

So wird das Vorgehen für alle transparent und nachvollziehbar. Mit diesem Vorhaben bekommen alle Jugendlichen die Möglichkeit, barrierefrei einen Wunsch zu äußern und die Fachkräfte können in den wöchentlichen Sitzungen diese durch gemeinsames lösungsorientiertes Handeln bearbeiten.

6. Im letzten Schritt wird das Vorhaben umgesetzt. Diese Vorgehensweise soll nun dargestellt werden.

Do

In dieser Phase wird die Maßnahme umgesetzt. Dies beinhaltet auch, dass alle MitarbeiteInnen in das Vorhaben eingeweiht sind. Außerdem muss der aktuelle Prozess angepasst werden, sodass am Ende ein vollständiger neuer Prozess entstehen kann.

Für die Fachkräfte ist es des Weiteren relevant, die Auswertung der *Wünschebox* in ihrer Teamsitzung zu dokumentieren, um so eine Bearbeitung der Anliegen nicht nur nachweisen zu können, sondern auch gegebenenfalls eine Weiterleitung zu anderen Stellen / Kooperationspartnern zu ermöglichen.

Check

Nun muss im Rahmen dieser Phase überprüft werden, ob dieser Weg, seine Anliegen vorzubringen, von den Kindern und Jugendlichen des Schülerclubs auch angenommen wird. Ob diese Veränderung Wirkung zeigt, kann daran gemessen werden, wie viele Briefe in die *Wünschebox* in den ersten Wochen eingeworfen werden.

Die Effizient der Box zeigt sich jedoch auch darin, inwieweit die Wünsche und Anliegen der Jugendlichen wahrgenommen und in das Alltagsleben integriert werden können. So liegt die Verantwortung dieses Erfolgs auch zum Großteil bei den MittarbeiterInnen, welche den Dialog mit den Kindern bzgl. die einzelnen Bedürfnisse suchen müssen.

Act

Da die Maßnahme keine Anwendung in der Praxis finden wird, kann die Frage, ob das Ziel erreicht wurde, nicht beantwortet werden. Dennoch kann durch Befragungen der Jugendlichen und Mitarbeiter in Erfahrung gebracht werden, ob eine *Wünschebox* ein sinnvolles Instrument für die Einrichtung sein könnte. Dementsprechend könnte ein Vorschlag dahingehend im Team eingebracht werden, um das Angebot zu verwirklichen.

6. Partizipation verschiedener Akteure

Um die Umsetzung der Veränderung zu veranlassen und um den Erfolg zu gewährleisten, ist es wichtig, verschiedene Akteure innerhalb der Einrichtung an der Planung des Prozesses zu beteiligen. Für die Ebene des Managements könnte dies bedeuten, dass die Strategieentwicklung mit einbezogen werden müsste. Da die Mittarbeiter selbst ein Teil des Veränderungsprozesses sind, müssen diese ebenfalls mithinzugezogen werden. In einer Teamsitzung kann darüber entschieden werden, wie mit den eingeworfenen Briefen verfahren wird. Also wann eine Entleerung oder ein Aufruf zur Teilnahme stattfinden soll.

Die Jugendlichen selbst sollten bereits vor dem Veränderungsprozess hinzugezogen werden. So ist sichergestellt, dass diese nicht nur direkt beteiligt werden, sondern auch bei der konkreten Umsetzung ihre Ideen einbringen können (bspw. Bei der Gestaltung der Box). Dies fördert die individuelle Motivation der Teilnahme.

Auf der Ebene der Kernprozesse ist es von Bedeutung, die Veränderung besonders in das Alltagsleben des Schülerclubs zu integrieren. Durch möglicherweise bisher untergegangene Wünsche oder Anliegen, besteht die Gefahr, dass die Jugendlichen einzelne Situationen oder Einflussfaktoren, die das Miteinander betreffen, als negativ bewerten. Die Dokumentation der eingegangen Briefe könnte ebenfalls einen wichtigen Bestandteil des Prozesses darstellen. So lassen sich nicht nur Schritte im Prozess zurückverfolgen, sondern auch die Anliegen der Jugendlichen gehen nicht verloren und können ggf. zu einem anderen Zeitpunkt bzw. in einem anderen Kontext wieder aufgegriffen werden.

Ein Unterstützungsprozess, der ebenfalls diese Ziele verfolgen sollte, sind die PraktikantInnen des Schülerclubs. Sie sind im Alltagsleben und in Beziehungsfragen genauso ein Ansprechpartner, wie auch die Fachkräfte und sollten dementsprechend dem Veränderungsprozess unterstützend zur Seite stehen.

Sollten sich während der Planung bzw. Umsetzung weitere Akteure ergeben (z.B. LehrerInnen, WorkshopleiterIn), ist zu beachten, diese ebenfalls in den Prozess zu integrieren und über laufende Veränderungen zu informieren. Nur so kann sichergestellt werden, dass die Entwicklung von allen Parteien mit getragen und unterstützt wird.

7. Probleme und Potenziale

Nach der Darstellung der aktuellen Situation in Bezug auf das Thema Qualitätsmanagement in der oGTS Schülerclub sollen nun Probleme und Potenziale, auch vor dem Hintergrund einer theoretischen Prozessänderung, besprochen werden.

Es ist deutlich geworden, dass es sich bei der Einführung von Qualitätsmanagementsystemen in einer offenen Ganztagesschule keineswegs um einen abgeschlossenen Prozess handeln kann. Im Bereich der Jugendarbeit befindet sich, nicht nur im Leben der Jugendlichen selbst, sondern auch im Bereich der Institutionen, vieles in Bewegung. Zahlreiche Veränderungen werden vorgenommen. Dem gilt es stets mit Respekt und einer offenen Haltung zu begegnen.

Auch wenn es sich bei dem Prozess selbst um eine scheinbar geringe Veränderung handelt, ist dennoch zu beachten, dass es sich bei der Auswertung und bei dem anschließenden Vorgehen (Bearbeitung, Dokumentation und Besprechung der Wünsche) um eine sehr komplexe und unübersichtliche Situation handeln könnte.
Eine Gefahr in dieser Hinsicht könnte sein, dass das Einsetzen dieses Qualitätsmanagementprozesses als eine zusätzliche Belastung für die Fachkräfte empfunden wird und infolge dessen die Arbeit nicht erleichtert. Weiter besteht eine Gefahr darin, dass die Fachkräfte sich stark auf die Box verlassen könnten und so die pädagogische Qualität in der Einrichtung leidet. In dem sich bspw. eine Fachkraft nur auf festgelegte Standards in der Einrichtung (oder im Qualitätshandbuch) bezieht und keinen Weitblick beweist, findet keine Verbesserung der pädagogischen Qualität statt.

Abschließend soll ein Fazit im Hinblick auf die in der Einleitung aufgeworfene Fragestellung gezogen werden: „Kann Qualität an den Kindern und deren Partizipation selbst gemessen werden und wenn, dann wie?"
Die Idee des Qualitätsmanagements stammt ursprünglich aus der Industrie. Bei seiner Übertragung auf die Soziale Arbeit gibt es einige Besonderheiten zu beachten: Die soziale Dienstleistung entsteht immer im Kontakt mit den Kindern und Jugendlichen und in der konkreten Situation. Außerdem ist sie von vielen Variablen abhängig, auf die der Leistungserbringer nur bedingt Einfluss nehmen kann. Daher kann in diesem Zusammenhang Qualität zum einen nur entstehen, wenn man die Haltung der Erbringer der Dienstleistung mit einbezieht, und zum anderen kann man sie nicht einfach messen und dann steigern. Einzelne Situationen müssen, durch die starke Heterogenität in diesem Bereich, stets individuell betrachtet und ggf. gelöst werden. Dieser Prozess birgt viele Chancen, die Arbeit zu verbessern und neue Aufgaben strukturiert zu integrieren. Außerdem erhalten die

Jugendlichen selbst die Möglichkeit, Teil eines großen Ganzen zu werden. Dies würde die Verbundenheit und das Vertrauen zur Einrichtung enorm fördern.

Das damit einhergehende Risiko wäre, einen zu starken Fokus auf Formalisierung zu legen und dies als zusätzliche Belastung zu empfinden. Oder die Eigeninitiative der Zielgruppe zu intensiv zu Verlangen und die damit verbundene Arbeit selbst zu erschweren.

Literaturverzeichnis

Meinhold, Marianne (1997): Qualitätssicherung und Qualitätsmanagement in der sozialen Arbeit. Einführung und Arbeitshilfen. 2. Aufl. Freiburg im Breisgau: Lambertus.

Merchel, Joachim (op. 2010): Qualitätsmanagement in der sozialen Arbeit. Eine Einführung. 3., überarb. Aufl. Weinheim, München: Juventa-Verlag (Reihe Votum).

Merchel, Joachim (2013): Qualitätsmanagement in der Sozialen Arbeit. Eine Einführung. 4., durchgesehene und aktualisierte Aufl. Weinheim, Bergstr: Beltz Juventa.

Zollondz, Hans-Dieter (2002): Grundlagen Qualitätsmanagement. Einführung in Geschichte, Begriffe, Systeme und Konzepte. München: Oldenbourg (Edition Management).

Leitbild innovative Sozialarbeit e.V. 2018